Poesie

Tiziano Ziroli

UN BESTSELLER UFFICIALE DEL GRUPPO EDITORIALE WRITERSEDITOR

WRITERSEDITOR
BESTSELLER

Prefazione a cura di Cristian Segnalini

L'opera di Tiziano può essere tranquillamente definita come: La vita di Tiziano Ziroli.
Difatti, all'interno di Poesie, è disegnato il suo intero percorso di vita, sino ad oggi: dalla tossicodipendenza, fino alla sua uscita e dalla lotta per i diritti dei lavoratori, alla sua rinascita, senza però dimenticare l'Amore, forse, l'ingrediente più importante.
Mi sento di dire che la vita di Tiziano sia costellata di amore e lo possiamo leggere nella poesia "**Te devo parla... Fjo mio**": un chiaro augurio di un padre cosciente, di un padre, consapevole che suo figlio, ora "ometto" riceverà diversi colpi dalla vita, proprio come lui stesso li ha ricevuti e che non dovrà mai farsi abbattere da essi, e che diventare qualcuno, non significa diventare famoso, ma diventare ciò che noi vogliamo diventare.
O l'amore per una donna, nella poesia **"A bella Mora"** che leggiamo far catapultare Tiziano, in un viaggio di 50 km.
L'amore per **Gino**, commosso dalla sua storia e dall'immagine di quei "poveri" lavoratori, che non potranno più incontrarsi nella loro "casa".
L'amore per una cara Amica, che troviamo nella poesia **"Cara amica mia... Non smettere mai..."** in cui Tiziano, lancia un chiaro messaggio di vita, un inequivocabile messaggio di amore, quello di non dimenticare mai di AMARE, nonostante il dolore che possiamo incontrare nel nostro percorso, perché **"Amore fa rima con dolore"**
Tiziano, può essere identificato come l'essere che ha capito e provato sulla sua pelle la potenza dell'amore.

Proprio nella giornata di ieri, il giorno prima in cui ho scritto questa prefazione, in TV, ho visto un servizio sulla tossicodipendenza. Un segno, un chiaro segno che la vita mi voleva preparato per la composizione di questa prefazione.
Con Tiziano, condividiamo la stessa visione di vita, nonostante ci separi una differenza di età e una differenza di esperienze, ma l'amore, l'amore per la scrittura, l'amore per l'editoria, l'amore per la vita, ci ha fatto incontrare e conoscere.
Ancora una volta, la prova e la dimostrazione della potenza dell'AMORE.
La dipendenza può avere molti lati, siamo spesso dipendenti dal lamentarci, dal bere, dal perdere il nostro tempo, ecc.
Tiziano ha forse provato una delle dipendenze più crude, una di quelle che può rovinarti sotto tutti i punti di vista. Ma ne è uscito, ne è uscito grazie all'amore per suo figlio, ma anche all'amore per sé stessi.

Sì, l'amore per sé stessi.

Spesso l'amore per noi stessi lo intendiamo come un egoismo errato, un egoismo, accompagnato dall'egoismo nei confronti del prossimo, ma no, Tiziano ci insegna anche questo, come decanta nelle poesie **"Guardiamoci allo specchio"** oppure **"Accetta"** o anche **"Guarda, odora, assapora ascolta"**

Questo piccolo libricino, dovreste portarlo sempre con voi, per leggerlo più volte e tenere sempre a mente, che il cambiamento è possibile, anche durante gli inverni più duri.
Perché sembra proprio che sia sempre stato nel destino di Tiziano, "donarsi" per diffondere amore e speranza per gli altri.
Che l'amore sia sempre con voi.

Cristian Segnalini

Cristian Segnalini è uno scrittore, imprenditore, marketer online e fondatore del gruppo editoriale "WritersEditor".

Diplomato e con diverse esperienze lavorative, dal 2011 è attivo continuamente nel mondo dell'imprenditoria digitale, riuscendo ad imporsi con la pubblicazione di oltre 10 opere, tra cui: Verso i nostri sogni, Aforismando, L'inizio di una fine, Verso i nostri sogni 2, James Hammond-Il mondo dei sogni infranti, Libero scrivendo, Anima d'inchiostro, Change Is Life, L'editoria oggi- Ebook ufficiale della WritersEditor- Bestseller ufficiale su Amazon e ¡Bis! - in collaborazione con il poeta e cantante Pierpaolo Mingolla che ha sfiorato le 1.000 copie vendute cartacee, solamente in Italia.

Applicando quanto imparato per riuscire ad emergere, in breve tempo la WritersEditor risulta una casa editrice efficace e moderna, ricevendo continui premi e riconoscimenti dalle proprie opere pubblicate +30 ed oltre 18 bestseller ufficiali su Amazon.

Cara amica mia.... Non smettere mai...

Non smettere mai di amare... Non smettere mai di cercare l'amore...
In molti casi... Amore fa rima con dolore...
Ma ricorda amica mia...al mondo c'è ancora chi crede che amare sia l'unica cosa che ci faccia sentire ancora vivi...
E ricorda amica mia... Chi si diverte a stropicciare i nostri cuori sono solo persone vuote...
Persone che nel tempo rimarranno da sole...
Chi ama e chi sa usare il cuore non rimane mai da solo... Il tempo lo dimostrerà...
Cara amica mia... Non smettere mai... Di amare... E di cercarlo...
Arriverà quando meno te lo aspetti...
Ora amica mia... Rialzati e continua a cercare.

Il fare

Molte volte è meglio NON fare...
che troppo fare...
perché il troppo fare può portare a strafare...
e si fanno danni...
Quindi anche in amore se si vuol fare...
e sempre meglio prima ragionare…

A' BELLA MORA!!!

Sta' poesia e pe te...
E già… Te sembrerà strano…
Ma scrivo...E scrivo pe' te...
Le parole mescono dar core...
La penna scrive ciò che er core comanna...
Sta poesia è pe te...
"Bella mora"…
Tu sei la "mora" che ma stravorto er core...
Tu sei la "mora" che me entrata nell'anima. .
Tu sei la donna e l'amore co' sempre sognato...
Me mozzicherei la lingua pe' le cose che to detto...e pe' quelle che non ho detto..
Come n'cojone to allontanato....
Quanno invece te volevo e te vojo...
Er resto dà vita mia lo vojo passa affianco a te...
SI!!!!..."Bella mora" te amo da mori'...
So che te le volevi senti di'...e scrivelo non e lo stesso...
Ma giuro su dio e tutti li santi...
Te amo da morì...
Sta poesia e pe te...
Forse non la leggerai mai...ma la penna comannata dar core te la voluto scrive...
"BELLA MORA"...
TE AMO DA MORÌ!!!!

Non corteggiarmi

Non corteggiarmi più… Così hai detto...
Posso non farlo...
Ma non posso non pensarti...
Non posso scordarti...
Non posso non amarti anche da lontano...
Non posso...non voglio smettere di amarti...
Forse il destino ci rimetterà sulla stessa strada… O forse non lo farà mai...
In qualunque caso...
Posso non corteggiarti...
Ma non posso smettere di amarti....

Tu per me

Vedere la felicità nei tuoi occhi è il regalo più bello...
Se potessi ti darei il mondo...
Vederti felice e serena per me è una gioia...
Tu sei per me il diamante più prezioso ed averti vicino mi fa sentire l'uomo più ricco del mondo.
Apprezzo tutto di te.... Sono fiero di te... Tu sei la mia vita...
Il mio cuore e tuo...
Vorrei che il tuo cuore battesse senza preoccupazioni...
I tuoi problemi sono i miei problemi.
Ti amo vita mia...

I cazzotti presi

Ho preso un sacco di cazzotti in vita mia…
Sono caduto, mi sono rialzato….
Ed ho continuato a combattere….
Ho imparato ad incassare, ma anche a picchiare….
Il mio fisico invecchierà, ma non invecchierà la voglia di combattere
e di continuare a lottare per le cose in cui credo.
Ho avuto paura…. Ma ho avuto il coraggio di combattere la paura…
Ho preso un sacco di cazzotti in vita mia….
Ma il match della vita lo vincerò io.

Il quadro

La vita è un quadro che solo noi possiamo dipingere...
Noi siamo gli artisti principali.
A volte useremo colori accesi perché siamo felici…
A volte useremo colori spenti perché siamo tristi…
Ma la vita è un quadro che solo noi possiamo dipingere.
Noi siamo gli artefici del nostro futuro…
Noi siamo gli attori principali della nostra vita…
Non dobbiamo mai essere comparse della vita degli altri, ma attori e artisti principali della propria vita.
Il futuro non lo conosciamo…
Il destino è a noi sconosciuto…
Ma la vita è un quadro che solo noi possiamo dipingere.

Col mio zainetto

Col mio zainetto in spalla voglio andare dritto per la mia strada...
Non farò più soste... Ma dritto verso il futuro... Non aspetto più nessuno.
Troppe volte mi sono fermato ad aspettare. Ora non aspetto più...
Il mio tempo lo dedico ai miei obiettivi...
Dritto e senza sosta vado avanti per la mia strada...
Vado avanti con nello zainetto i miei sbagli, i miei amori falliti...ma anche le mie vittorie e soddisfazioni...
Col mio zainetto in spalla...
Vado avanti...
Senza più soste!!!

La foto

Guardo la foto del nostro bacio… Le nostre bocche si univano con passione…
I nostri occhi chiusi...
I nostri visi innamorati l'uno dell'altro…
Il tempo si era fermato in quell'istante… Tutto era magico.
Risento nelle mie orecchie i suoni del momento…
Risento gli odori… Il tuo odore... Il tuo profumo…
Risento la morbidezza delle tue labbra...
Guardo la foto… Mi rendo conto che è solo un ricordo.
Spero… Prima che il mio tempo finisca su questa terra di poter baciare di nuovo quelle dolci e teneri labbra.

La storia di Gino… E la sua fabbrica

1

Era un giovedì mattina, una bella giornata per essere Dicembre, sono le 9;40 ed esco da casa sapendo che sotto al portone c'è Gino che mi aspetta...salgo nella sua macchina e come sempre ci salutiamo con affetto.
Ehi Tiziaunu' come va? … Mi dice Gino… Ed io gli rispondo … Come sempre Gi'...Tutto bene… A te come va? Lui mi risponde con un sorriso e mi dice: oggi ti faccio vedere dove lavoravo.

Strada facendo Gino mi racconta, anzi mi racconta nuovamente cosa lui e i suoi colleghi hanno fatto per proteggere il lavoro, le loro battaglie, cosa producevano, ed ogni volta che Gino lo fa, lo fa sempre con quel velo di tristezza di rammarico per non essere riuscito a proteggere il suo lavoro il suo futuro.
La strada e l'asfalto scorre sotto la nostra macchina, sino a che non arriviamo lì, davanti la sua fabbrica.
Gino si gira e mi guarda come un bambino guarda un suo amico fiero di fargli vedere i suoi giocattoli a cui tiene di più. Mi guarda e mi dice: Eccola la mia fabbrica… Ecco dove lavoravo...

Scendiamo dalla macchina e fiero mi fa notare un cartellone su cui ha scritto: EX VIDEOCON.
Mi guarda e mi dice: Sono stato io a scrivere quello. Pensa, ancora resiste, poi si gira e mi dice: vieni guarda ti faccio vedere una cosa.
Ci avviciniamo ad un lastrone di cemento che chiude l'entrata di qualcosa e Gino, a qualche passo avanti a me, si gira e mi dice con aria commossa e con gli occhi pieni di tristezza: Vedi Tizia' vedi qui, qui è dove parcheggiavamo le nostre macchine, qui era il nostro parcheggio, vedi quegli alberi, pensa, li avevamo potati noi dipendenti, questo era il nostro parcheggio.
In quel momento, mi sono venuti alla mente i parcheggi delle altre fabbriche, mi sono venuti in mente che quei posti erano posti dove le persone si incontravano, si salutavano e si davano appuntamento al giorno dopo…

Lì C'ERA IL PARCHEGGIO DEL SUO POSTO DI LAVORO

2

NB:

HO VOLUTO RACCONTARVI QUESTO EPISODIO PERCHÉ MOLTI NON CAPISCONO COSA VUOLE DIRE PERDERE IL POSTO DI LAVORO,NON CAPISCONO CHE IN QUEI POSTI OLTRE AL LAVORO,OLTRE ALLA QUOTIDIANA ROUTINE DEL LAVORO, SI INSTAURAVANO RAPPORTI SOCIALI , RAPPORTI DI AMICIZIA, RAPPORTI DI APPARTENENZA AL LUOGO DOVE LAVORAVI, CHE TALMENTE LO SENTIVI TUO CHE ARRIVAVI A CURARTELO COME SE FOSSE IL GIARDINO DI CASA TUA… MOLTI NON CAPISCONO O FANNO FINTA DI NON CAPIRE, SENZA IL LAVORO E SENZA I RAPPORTI SOCIALI CHE SI CREANO UN UOMO NON È PIÙ UN UOMO… IL LAVORO E TUTTO..E VIVERE, E PROGETTARE E SOCIALIZZARE E SENTIRSI UTILE...
IL LAVORO E TUTTO!!!

Non so cosa siamo

Starti vicino mi è difficile…
Starti lontano mi è impossibile…
Non so che senso abbia tutto questo…
Forse dovrei lasciarti andare…
Forse dovresti lasciarmi andare…
Forse non vogliamo perderci…
Non so cosa siamo… Però non riusciamo a stare lontano l'uno dall'altra...
Parliamo, ci confidiamo…
Non so che senso abbia tutto questo…
Non so se sia semplice amicizia… O amore non dichiarato...
So solo che parlarmi ti fa bene…
So solo che parlarti mi fa bene…
So che tutto questo non voglio perderlo…
Che sia amore o semplice amicizia…ci fa stare bene...
Anzi… Ci vogliamo bene!!!

Vorrei essere

Vorrei essere il tuo pensiero d'amore…
Essere la carezza morbida che sfiora la tua anima…
Vorrei essere la mano che ti accompagna nella vita…
Vorrei che il tuo cuore battesse d'amore per me….
Come il mio batte per te…
Ma soprattutto vorrei essere quella forza e quella certezza per combattere insieme l'oggi e il domani…

Te devo parla… Fjo mio

Aho!!.. Vje qua..tu padre te deve parlà…
Fjo mio… Ammazza come sei cresciuto...
Me ricordo quanno sei nato….
Mò guarda che sei diventato…
Mò sei n'ometto… Anzi stai a diventa n'omo...
Sei più arto de me…
Tu devi anna più in arto de me...
Li sbajii mia non li devi fa…
Credi nelle tue passioni...
Fjo mio na' vita ricordate sempre non abbassare mai la guardia…
Se l'abbassi delle vorte te arriveno certi destri che fanno male…
Non abbassare mai la guardia… Sinistro davanti ar viso e cor destro copri er mento…
Realizza li' sogni tua... Credici e credici sempre…
Sino a ieri tu madre ed io te tenevamo a mano…
Mò sta mano la voj lassa… E voj cammina da solo…
Tu madre ed io... Te lassamo camminà...ma te stamo dietro…
Sino a che ja famo… Te stamo dietro...
Ora vai … Diventa quarcuno… Ma non ner senso de famoso…
Diventa quello che voj diventà…
Vai fjo mio… ER MONNO È TUO

Non era un sogno... Esiste... È vera

Quel giorno lo ricordo benissimo, ricordo momento per momento, era il 28 aprile.
Ero sull'autostrada stavo tornando a Roma.
Le avevo mandato un messaggio" amore sono partito ora"
Lei mi rispose "ok fammi sapere quando arrivi"
Lei in quel periodo era a Roma a lavorare da una signora, dopo settimane di soli messaggi e videochiamate eravamo nella stessa città.
Lei vive lontano da Roma.
Passano dei minuti, mi squilla il telefono è lei che mi dice" amore perché non passi? Ho chiesto il permesso di farti venire, mi hanno detto di sì" Io le risposi meravigliato: "Davvero???" E lei "Sì amore puoi passare, così ci vediamo"
Il cuore iniziò a battermi forte, tutto d'un fiato le risposi" ok amore certo che vengo, fammi arrivare a Roma e vengo da te, non vedo l'ora di vederti" e lei rispose" anche io amore, ti aspetto"
Chiusi la chiamata dicendole" arrivo amore mio".
Mancavano 50 km per arrivare a Roma, 60 km per arrivare da lei.
Nel tragitto pensavo mille cose" le piacerò? La bacio subito? E se rimarrà delusa?
La strada scorreva è mi avvicinavo sempre di più a lei.
Ci furono altre chiamate durante il tragitto, tutti e due fremevamo per vederci.
Ricordo che più mi avvicinavo è più il cuore batteva forte.
Ero emozionato come un adolescente che vede per la prima volta la sua fidanzatina.
Mentre pensavo, ragionavo e sognavo arrivai a Roma, presi subito la strada per arrivare da lei.
Quando imboccai la strada di casa sua mi resi conto che le mani mi sudavano, ero emozionatissimo.
Arrivai davanti al suo portone e lei era lì, tirai giù il finestrino del passeggero e le gridai" A BELLA MORA!!!" Lei si voltò di scatto, mi vide e si catapultò nella macchina.

Ci baciammo con tanta passione, io la stringevo è l'unica cosa che riuscivo a dire era" ma allora sei vera... Esisti davvero... Non sei un sogno" Lo dissi non so quante volte.
Scendemmo dalla macchina ed entrammo nel suo giardinetto, ci sedemmo su un divanetto e ci abbracciammo stretti stretti...
Restammo così non so per quanto tempo.
Ci scambiammo altri mille baci, tutti dolcissimi, non scorderò mai come mi guardava, non scorderò mai i suoi dolci occhi
Il tempo per me si era fermato, non volevo più andar via, non volevo lasciarla, volevo rimanere lì con lei.
Fu una serata emozionante, tanto, troppo emozionante.
Ricordo che quando andai via, in macchina non facevo altro che ripetermi..."ma allora esiste, è vera"
Ci promettemmo che prima che ripartisse ci saremo rivisti
Non vedevo l'ora!!!

Vago pe la strada, gente distratta

Vago pe la strada gente distratta...
mi giro e me rivorto...
guardo ner vicolo e ce n'omo mezzo morto...
vago pe la strada gente distratta...
me fermo e me chiedo...
ce vado e vedo...
chi e questo? Sta mbriaco?...
oh cia' bisogno desse aiutato?...
vago pe la strada gente distratta...
m'avvicino e lo guardo …e m poro vecchio che sta sdrumato...
sta li' per terra,sta malato..
ma nessuno l'ha notato...
solo io che so passato...
me ce so pure fermato...
vago pe la strada gente distratta...
in sta Roma de ben pensanti...
ando' semo pieni de santi...
"Guarda quello come sta"… Pensano sti 4 passanti...
vago pe la strada gente distratta...
buttato per terra come un sacco...je parlo ma capisce solo polacco.
non se capimo… Je rimango vicino...
non se po' arza'... E paralizzato...
corpa dell'ictus che je pjato...
vago pe la strada gente distratta...
io chiedo da poro deficiente...
pe' sto fratello non se po' fa niente?...
vago pe la strada gente distratta...
vedendo sto fratello che soffre,in silenzio e invisibile alla roma benpensante...
Io dico in questa società perché tutta sta mediocrità?...
vago pe la strada gente distratta...

mentre ve racconto...
lo strano incontro...
lui sta ancora lì...
con la pioggia, con il freddo...
con il sole e con il vento...
forse poraccio aspetta solo da morì
vago pe la stada gente distratta...

Un regalo inatteso…

Sei seduto sulla tua sedia a pensare al recente passato…
Leccando le tue ferite ancora fresche…
Pensando che niente di nuovo possa succedere…
Ed invece… All'improvviso ecco il regalo…
Un messaggio inaspettato ti cambia l'umore….
Cominci a rispondere..e scopri che dall'altra parte della tastiera…un meraviglioso regalo…
Le ferite fresche bruciano di meno…
I pensieri negativi svaniscono.
Non so chi sia stato…
Ma il grigio che mi avvolgeva cominciò a riprendere colore…
Ben arrivata nella mia vita … Regalo inaspettato

L'amore... Strano sentimento

L'amore…. Strano sentimento…
Può portarti a toccare il cielo con il dito…
Ma un istante dopo può farti cadere nel vuoto…
Può farti sentire gioia, felicità, senso di pace è tranquillità interiore…
Ma può farti sentire anche tristezza, delusione un senso di vuoto incolmabile….
L'amore … Strano sentimento…
Ti innamori di chi credi che sia la persona della tua vita… Ma poi tutto d'un tratto tutto svanisce senza un apparente perché…
L'amore… Strano sentimento…
Ti innamori di chi è la persona della tua vita…e capisci che non ti serve più nulla sei la persona più ricca del mondo…
L'amore… Strano sentimento…
A volte quando pensi che sia tutto perduto, quando pensi "oramai chiudo il cuore"... Ecco… Che l'amore bussa alla tua spalla …. E ti ripresenta una nuova storia, una nuova sensazione…
L'amore è uno strano sentimento…

Pensieri ad alta voce

Sapete cosa stavo pensando?
Che la vita è talmente breve…. Che voglio vivermela, per quel poco o tanto che mi resta, voglio viverla A MODO MIO…
Come diceva Vasco Rossi "forse non ci incontreremo mai…ognuno a ricorrere i suoi guai"…
Be …sì voglio vivermela inseguendo i miei guai… E vivermela giorno per giorno con quello che mi dà e con quello che non mi darà… Senza pretese.
Voglio vivermela così. come viene…
Ma sono convinto di una cosa …
Sarò il rammarico di chi ha rinunciato a me… Ma sarò l'orgoglio di me stesso per i traguardi che raggiungerò…
Voglio vivere senza distrazioni e senza illusioni…
I miei occhi attenti e affettuosi saranno fissi solo sui miei figli….
Per il resto…VIVA LA VITA COSÌ COME VIENE!!!

Cammino per la strada…

Cammino per la strada incrocio migliaia di sguardi…
Persone che vagano per il mondo con i loro problemi, le loro storie e i loro sogni…
Con qualcuno di loro incrocerai la tua vita…o semplicemente ci scambierai qualche chiacchiera…
Con i miei occhi guardo il mondo…
Con le mie orecchie lo ascolto…
Cammino per la strada incrocio migliaia di sguardi…
Arriva il treno… Ci salgo sopra e chi sa’ dove mi porterà…
Vedremo…

In questa società... Virtuale

È da un po' di tempo che prendo i mezzi pubblici per andare al lavoro, guardandomi intorno mi sono reso conto che tutti, compreso me, non facciamo altro che tenere gli occhi puntati sui telefoni.
Ho scritto telefoni perché quello sarebbe il loro utilizzo, ricevere e fare telefonate, ma oramai non è più così.
I telefoni sono diventati il nostro mondo, lì dentro c'è tutto, con tutte le applicazioni che esistono ora possiamo fare di tutto.
Esistono molte applicazioni per ricevere e mandare messaggi...vedi WhatsApp e Messanger, le quali possono essere utili per messaggiare velocemente con chi è lontano da noi.
Chi ha inventato tutto questo forse non sapeva o forse era cosciente che avrebbe ridotto l'essere umano a un simil automa, non guardiamo più il nostro vicino negli occhi, non comunichiamo più verbalmente ma solo tramite messaggio...insomma "chattiamo" come si suol dire ora.
Tutto questo ha creato anche i famosi "leoni da tastiera"... Cioè quelle persone che sui social scrivono di tutto e di più... Fanno i fenomeni, gli eroi, poi nella vita reale pensano e sperano che qualcun altro risolva i problemi per loro...
Poi ci sono quelli che io definisco" rimorchiatori seriali", cioè quelle persone, in molti casi uomini, che "chattano" con tutte...ci provano in pratica, virtualmente, ma ci provano.
Questa figura "rimorchia" pure parecchio in molti casi non racconta neanche tutta la verità su chi è e cosa fa... O la racconta ma non tutta.
Il "rimorchiatore seriale" entra nella vita delle persone e poi in molti casi ne esce così, senza un motivo apparente, non rendendosi conto che sino a quel momento non ha ''chattato" con un robot, ma con un'altra persona vera, con un altro essere umano, nel quale ha lasciato magari sensazioni, sentimenti ed aspettative.

In questa società virtuale, anche innamorarsi è diventato virtuale, cioè, ci si innamora di foto, di messaggi, di sensazioni che l'altra persona, mai vista, ti ha lasciato dentro.
Quindi anche l'amore, quello fatto di sguardi, di mano nella mano, di carezze, diventa virtuale.
Tutto questo a me non piace, a me piace guardare le persone negli occhi, o magari come diceva Edoardo Leo in una scena di un suo film "faje na cazzo de telefonata"

Nei giorni del virus…

In questi giorni in cui la tensione è altissima, la paura si sta trasformando in angoscia, il virus prende sempre più piede, il nostro paese trema, la gente gira con le mascherine sul viso, i supermercati vengono presi in assalto per paura che a breve venga dichiarato lo stato di quarantena per tutto il paese, tutte le scuole di ordine e grado vengono chiuse preventivamente, io sono certo che a breve tutto finirà, tutto tornerà come prima, spero solo che la gente dopo questa epidemia capisca una cosa, a questo mondo siamo tutti uguali, bianchi, neri, gialli, asiatici, occidentali, omosessuali, etero, buddisti, cristiani, mussulmani, siamo tutti figli di questa terra.

Il virus, sembrerà assurdo ciò che dico, ma è il più democratico di tutti, per lui siamo tutti uguali, anche nella sua drammaticità, nella sua cattiveria.

È servito un virus che neanche si vede ad occhio nudo per mettere angoscia e paura al mondo intero.

Forse sarà mistico ciò che dico, ma ragioniamoci sopra, sulla terra ci sono guerre, ingiustizie sociali, bambini che muoiono innocentemente sotto le bombe sganciate da adulti che pensano di essere i padroni del mondo, il menefreghismo la cattiveria, la perfidia, l'invidia pervadono la nostra terra, e io mi chiedo, ma non è che il nostro karma negativo abbia scatenato tutto questo? Non è che l'universo stufo di accumulare tutta questa negatività abbia deciso di farci capire qualcosa? non sarebbe il caso di capire che a questo mondo siamo tutti fratelli e sorelle, siamo tutti uguali, non esiste razza non esiste colore della pelle, non esiste religione di appartenenza non esiste differenza di sesso, siamo tutti figli di questo mondo.

Il mio forse sarà un discorso mistico, ma quando tutto questo finirà cerchiamo e proviamo ad emanare karma positivo, il nostro mondo ne ha bisogno la nostra vita ne ha bisogno.

Nella vita molte volte bisogna toccare il fondo per capire che bisogna ricominciare da capo, evitando gli errori del passato.

Spero che questo succeda.

Inondiamo il mondo di amore e non di odio.

Guardiamoci allo specchio

In questi giorni di quarantena forzata, molte persone sono chiuse in casa e non possono uscire.
Tutto questo sembra tragico e in certo senso lo è, ma forse invece un lato positivo a tutto questo c'è.
Mentre si è in casa soli, per chi abita solo, o con la famiglia, per chi vive in famiglia, trovate un momento, e non dite che non avete tempo per farlo perché siete in quarantena e di tempo ne avete tanto, guardatevi allo specchio.
Guardatevi non dal punto di fisico, ma guardatevi negli occhi, cercate di vedere il vostro "io" interiore, parlatevi e chiedetevi chi siete, se tutto quello che avete fatto o detto sin d'ora rispecchia veramente chi siete, se la vita che fate è la vita che veramente volevate fare, chiedetevi se state dimostrando alle persone che amate il vostro vero amore o se lo state dando per scontato.
Guardatevi dentro è cercate di capire cosa voi fate per gli altri o se il vostro ego ha preso il sopravvento è pensate solo a voi stessi.
Fatevi mille domande è cercate di darvi delle risposte, pregare che tutto finisca il prima possibile è giusto e sacrosanto, ma chiedetevi dopo che tutto sarà passato io cosa potrò fare per questo mondo? Cosa potrò fare per gli altri? Cosa potrò fare per me stesso?...
Facciamolo ora!!!
Ora che abbiamo il "tempo" di farlo, perché poi con la scusa del lavoro, dei figli, dei problemi ecc. ecc., rientreremo nella dipendenza quotidiana, nella dipendenza del giudicare senza sapere, nella dipendenza che niente è colpa nostra è sempre colpa di qualcun altro.
Quindi facciamolo ora, guardiamoci allo specchio e chiediamoci chi siamo, cerchiamo diventare delle persone migliori.

Non siamo degli eroi…

Sino a qualche giorno fa, la mattina presto ci incontravamo nel nostro bar…
"Oh buon giorno!!! Me lo fai un cappuccino?" Il nostro amichetto barista con un sorriso… Buongiorno!!! Pure oggi qua? " Va be mo t'ho faccio er cappuccino'" E scoppiava la risatina tra noi e poi ecco arrivare loro, gli altri, e le altre colleghe…"oh… Ma stamo tutti qua?… Ma a lavorà chi ce sta?" E via un'altra risata….
I soliti discorsi sullo sport, sul lavoro che ci sfiacca, sui camion che dovranno arrivare e che dovremmo scaricare, gli orari che faremo questa o la prossima settimana, piano piano, usciamo dal bar ed iniziamo il nostro lavoro.
Ora in questo momento al bar non ci incontriamo più, il bar è chiuso, ci incontriamo negli spogliatoi, ma le risate sono quasi forzate, cerchiamo di mantenere un minimo di normalità. continuiamo a prenderci in giro, ma gli sguardi non sono più quelli di qualche giorno fa, si legge negli occhi di tutti il timore e la paura, si legge negli occhi di tutti la domanda "verrò contagiato oggi?"
Cerchiamo di farci coraggio tra noi, cerchiamo di tutelarci mettendo mascherine guanti, ed ecco, entriamo in scena, come di solito dico io, ed entriamo in sala.
La merce inizia ad arrivare, ma eccoli!!!!… I clienti… Dobbiamo mantenere le distanze, devono mantenere le distanze. Gli sguardi tra noi, sono sempre preoccupati, pensiamo a come evitare di essere troppo a contatto con loro. Prima il cliente per noi era da servire con cortesia e gentilezza, ora ogni cliente è come se fosse un punto interrogativo gigante "sarà contagiato?"
Prima se ci chiedeva qualcosa gli rispondevamo con un sorriso a trentadue denti, ora rispondiamo da dietro le mascherine con freddezza e sbrigativamente…
Un collega, che di solito è un uomo tutto d'un pezzo, un uomo che sa fare bene il suo lavoro, non si tira mai indietro, anzi sprona gli altri a dare sempre il meglio, un uomo dallo sguardo fiero, oggi, mi ha guardato con occhi quasi impauriti "qua s'ammalamo tutti"…

Una collega, una donna in gamba, una mamma lavoratrice, sempre con il sorriso sulle labbra, che ti mette allegria la mattina quando la vedi, anche a lei dietro la sua mascherina i suoi ridono meno, ha paura, la tensione che vive al lavoro a casa l'ha sfogata piangendo per il timore che ogni giorno venendo a lavorare potrebbe "infettarsi"

Tutto è cambiato, la voglia di lavorare, la voglia di scherzare…

Lavoriamo per responsabilità, perché dobbiamo farlo, perché ci serve portare i soldi a casa.

Questa è l'aria che si respira ora nel nostro lavoro, un'aria pesante.

Noi non siamo EROI…. SIAMO SOLO I LAVORATORI E LAVORATRICI DEL COMMERCIO!!!!

Io non vado via

io sono in ogni cosa che ti circonda.
io sono nell'acqua che bevi.
io sono nella sedia su cui ti siedi.
io sono nel lenzuolo che ti copre.
io sono nel vento che la mattina ti accarezza il viso.
la mia anima è sempre con te.
io sono con te… sono in te.
Tiziano Ziroli
"la mia nuova alba"
Vivo il presente...
Il passato l'ho perdonato.
Vivo un presente pieno d'amore.
Sono pieno di una nuova energia,
Un'energia vitale che voglio espandere a tutte le persone che sono nel mio cuore...
Amo ogni essere vivente.
Nel mio cuore ora tutto è chiaro.
Sono innamorato?… Si di lei
Amo il prossimo?… Si tanto
Amo me stesso?… Si immensamente..
Ho aperto la scatola del cuore?… Si...
Cosa ho trovato?
L'AMORE UNIVERSALE!!!

GUARDA… ODORA… ASSAPORA… ASCOLTA

La vita è piena di colori...
di odori...
di sapori...
di suoni meravigliosi...
guardate la vita con occhi nuovi…puliti dalle lacrime della tristezza.
odorate la vita respirando i meravigliosi odori che ci sono…
Annullate i spregevoli odori della paura e della disperazione...
assaporate la vita e sentite il dolce gusto che vi lascia..
allontanate i spiacevoli sapori dell'amarezza e dello sconforto...
ascoltate la vita… Ascoltate i meravigliosi suoni che emette, il vento tra le foglie, gli uccellini che dialogano tra loro...
smettete di ascoltare i rumori dell'invidia, dei giudizi altrui dell'egoismo...
guarda … Odora… Assapora… Ascolta...
puoi farlo!!!

L'aquila

Un uccello un rapace che, come caratteristiche, ha il coraggio e la determinazione.
Quando la guardi leggi nel suo sguardo la fierezza di sapere chi è e cosa è.
L'aquila è consapevole delle sue qualità.
Noi esseri umani dovremmo prendere esempio da l'aquila, anche noi possiamo esseri fieri di cosa siamo e di chi siamo.
Noi esseri umani abbiamo nel nostro io il coraggio e la determinazione, purtroppo molte volte e per svariati motivi non tiriamo fuori il nostro coraggio e la nostra determinazione.
Noi esseri umani non siamo consapevoli delle nostre potenzialità, molte volte le sottovalutiamo, ma in noi c'è un'aquila che potrebbe essere pronta a volare, pronta a decidere quale sarà la nostra preda.
L'aquila sa di preciso cosa deve fare, quale sarà il suo obiettivo, ecco cosa dovremmo fare anche noi esseri umani, puntare la nostra preda, cioè i nostri obiettivi, con coraggio e determinazione, e fieri di sapere che abbiamo tutto dentro per far sì che tali obiettivi vengano raggiunti.
Noi dobbiamo essere consapevoli delle nostre potenzialità.
In noi ci sono tutte le qualità che ci servono per ottenere ciò che vogliamo, basta solo decidere di tirarle fuori, il che non è facile bisogna cambiare le nostre abitudini limitanti.
Le abitudini limitanti sono quelle che abbiamo immagazzinato per anni nel nostro subconscio, abitudini che spesso vengono da condizionamenti esterni, dal giudizio degli altri.
L'aquila non ascolta nessuno, ascolta solo sé stessa, ecco cosa dobbiamo fare noi, ascoltare noi stessi, sentire nel profondo di noi stessi ciò che ci fa stare bene, ciò che ci rende fieri e determinati.
Noi siamo tutti dei capolavori e nessuno all'infuori di noi può capirlo meglio di noi.

Accetta!!!

Accettati!!!
Si accettati per ciò che sei e per chi sei, quando avrai deciso di amarti veramente accetta tutto di te anche i tuoi punti deboli, accetta le tue paure accetta le tue sofferenze accetta i tuoi problemi.
Quando ci si ama si ama tutto di noi stessi, accettare i problemi in buona parte vuol dire anche iniziare a trovare la soluzione per risolverli.
I problemi e le sofferenze fanno parte della nostra vita, nella nostra vita ci saranno momenti in cui andremmo in sofferenza per qualsiasi motivo, respingere la sofferenza non servirà a risolverla, ma bisogna accettarla, capirla, quando sarai riuscito a fare questo in te ci saranno tutte le armi che ti aiuteranno a risolvere la situazione.
Noi molte volte respingiamo i problemi, ma più li respingiamo e più essi prendono il sopravvento su di noi, accettarli vuol dire già essere consapevoli e la consapevolezza ci aiuterà a trovare la strada per uscirne.
La nostra vocina interiore, ossia l'amore che abbiamo per noi ci aiuterà a trovare la soluzione.
Nella mia vita molte volte mi è capitato di trovarmi in tali situazioni, ma più respingevo il problema e più esso si proponeva a me, ora da quando mi amo, l'amore ha creato una corazza indistruttibile e quando mi si propongono problemi li accetto, li guardo, li osservo, gli sorrido e trovo l'atteggiamento giusto per affrontarlo e di conseguenza lo risolvo.
Voglio lasciarvi un esempio, i fiori all'inizio sono dei semi che vengono messi sotto uno strato di terra, poi il seme inizia a germogliare, il primo problema che incontra e bucare la terra che lo sotterra, ne e consapevole, lo accetta, ma il modo di bucare la terra lo trova, e di conseguenza diventa un germoglio, da germoglio un bellissimo fiore profumato.
La nostra vita e la stessa cosa, siamo solo dei semi che dobbiamo capire che possiamo diventare dei germogli e di conseguenza dei bellissimi fiori.
Amatevi, amate tutto di voi.
Non uno di più.... Che non osservi le proprie debolezze
Non uno di più.... Che non si senta un meraviglioso fiore.

QUANTI DI VOI SI AMANO?

Lo sapete che la prima persona a cui dobbiamo dire ti amo e a noi stessi e poi forse possiamo dirlo agli altri?
Be …
VOGLIO RACCONTARVI LA MIA STORIA ….
L'AMORE MI HA AIUTATO AD USCIRE DA UN TUNNEL DA CUI PENSAVO DI NON USCIRE MAI…
ERO UN TOSSICO DIPENDENTE...L'AMORE CHE RITROVAI IN ME STESSO MI AIUTÒ AD USCIRE DA QUEL TUNNEL...DA LÌ CAPII CHE GRAN POTENZA E L'AMORE…
L'AMORE HA UNA POTENZA IMMENSA….
Quindi non uno di più, non uno di più nella vita deve o può tornare indietro ma può solamente andare sempre avanti.
Ma come? Come abbiamo fatto sinora? Portare avanti una vita che non ci ha dato soddisfazione, anzi che ci ha portato dolore e sofferenza? Beh, penso che la risposta sia facile… NO!!!!
In ognuno di noi ci sono dei diamanti che abbiamo solamente dimenticato in qualche parte dentro di noi...e sono l'amore, la felicità e la pace interiore …
Quando riuscirete ad amarvi veramente vi sentirete anche felici, ma non quella felicità del sorrisetto stupido, la felicità interiore non è quella temporanea quella dell'aperitivo con gli amici la felicità interiore e quella sensazione che provate anche quando le cose non vanno come volete, ma vi sentite felici di vivere e siete grati di essere vivi.
Quando vi amerete e di conseguenza sarete felici, subentrerà in voi quella pace interiore che vi farà sentire connessi con l'universo.
Avrete raggiunto l'amore universale.
Se tutti noi fossimo consapevoli di questo molte cattiverie che sentiamo nei telegiornali non le sentiremo più.
Se prima amiamo noi stessi, possiamo amare gli altri ed amare incondizionatamente vuol dire fidarsi del prossimo e non opprimerlo con ossessione o possessione.
Ogni anima deve essere libera di amare ciò che vuole.
Quando si arriva a maltrattare una persona dicendo di amarla, vuol dire che in noi non c'è amore per noi stessi, e si cerca nell'altro ciò che manca in noi.

Quando l'altro per mille motivi vuole staccarsi sembra che ci tolgano la terra sotto i piedi ed andiamo in tilt.
Per molti amori vuol dire possesso ma non è così, possedere, umiliare non vuol dire amare.
Se tra voi qualcuno si riconosce in queste parole, cercasse di trovare la via del vero amore.
Quindi quello che vi dico…
Non uno di più… Che mortifichi l'altro
Non uno di più… Che umilia chi dice di amare
Non uno di più…. Che non si sappia amare
Amate voi stessi e amerete l'universo… Ora sarete delle persone realizzate.

Vivi oggi

Quanti voi vivono in presenza?
Un giorno il Dalai Lama disse ''ci sono due giorni dell'anno in cui non puoi fare niente: uno si chiama ieri l'altro si chiama domani, perciò oggi e il giorno giusto per amare, credere, fare e principalmente vivere"
Quanto sono vere queste parole del Dalai Lama? Sono la verità assoluta, noi viviamo in costantemente pensando al passato e pensando a cosa potrò succedere nel futuro, ma mai viviamo il presente.
Vivere il presente vuol dire vivere in costante concentrazione su noi stessi, concentrarsi su ciò che ci succede, essere consapevoli del presente sia esso bello o brutto.
E solo nella presenza che si può trovare la soluzione
Decidere di scegliere di essere presenti è una scelta coraggiosa che porta impegno, perché sia il passato che il futuro incerto cercheranno sempre di occupare i nostri pensieri.
Il passato vorrà sempre metterci in guardia sul futuro, e ce lo farà veder sempre un futuro disastroso, se parliamo di sofferenza.
Per vivere il presente, perdonate il passato, e solo nel presente e con la vostra presenza che potrete trovare le soluzioni per avere un futuro diverso e sicuramente migliore di come il vostro ego vuole farvelo vedere.
Decidere di vivere in presenza e un gran cambiamento, dovrete scegliere voi, decidere vuol anche recidere, quindi se decidete di accettare il cambiamento di farlo il cambiamento, reciderete il vostro legame sul passato.
Vivere in presenza vi porterà a notare anche quanto e bella la vita, anche se siete in momento di dolore, vivere in presenza vi farà esser grati di essere vivi, vi farà notare cose che non notavate più da tempo, la natura, il mare, il sole, il sorriso di un bambino.
Vivere in presenza vi darà la forza di risolvere i vostri problemi.
Amatevi e vivrete la vostra vita nella consapevolezza che tutto è possibile…
Non uno di più che non viva in presenza
Non uno di più che viva nel passato e non goda del presente.

Sei egocentrico... Mi hai ferito

Tu sei egocentrico? Chieditelo guardati osservati e poi chiediti se sei egocentrico.
La definizione di egocentrico e questa:
"chi pone sé stesso al centro dell'attenzione propria e altrui, considerando gli altri e le loro cose sempre in rapporto e in subordinazione a sé e alle proprie cose, che con cinismo e indifferenza fa solo il proprio interesse talvolta non rispettando la dignità o il bene altrui o di qualcosa"
Io lo sono stato, purtroppo, mi sono riconosciuto in questa definizione, la cosa brutta e che non me ne sono reso conto sino a che la persona a cui ho fatto del "male" me lo ha fatto notare.
Quando me lo fece notare, ovviamente mi infuria, dissi che non era vero, io? Egocentrico? No!!!! Mai!!!! Invece quando la persona si allontanò da me, ed io nel mio silenzio interiore inizia a rivedermi a risentirmi, mi accorsi che quella persona aveva ragione, ragione da vendere, mi ero proprio comportato in quel modo.
Questa persona si era confidata con me, aveva aperto il suo cuore, mi aveva raccontato del suo sogno, delle sue speranze, ed io cosa feci? Le smontai tutto perché misi la mia storia soprapposta alla sua, e quindi se la mia era andata come non volevo, anche la sua poteva finire così, la ferii, la ferii profondamente.
Quando qualcuno si fida di voi, apre il suo cuore e lascia che la sua anima si apra, e vi dice tutto di lei, fate attenzione, guardatevi se state adottando un atteggiamento egocentrico, quella persona vi sta raccontando il suo sogno, non il vostro.
Piuttosto che essere egocentrici, dovete essere empatici, entrare nel sogno di quella persona fatelo vostro, sentite le emozioni che l'altra persona potrebbe provare se il suo sogno si realizzasse.
Se volete veramente amare se volete veramente aiutare le persone, siate empatici e non egocentrici.

Quindi guardatevi in fondo, guardate i vostri comportamenti, ascoltate due volte, guardate due volte, e quando parlate usate parole di aiuto e conforto, le parole sono importanti, feriscono più di una spada se non usate bene.
Io questa persona l'ho persa, fate che ciò non succeda anche a voi.
Non uno di più che si faccia sopraffare dall'egocentrismo.
Non uno di più che non sappia usare l'empatia per aiutare il prossimo.

Niente è facile

Ho letto una frase che dice: la vita è questa. Niente è facile e nulla è impossibile.
Verissimo!!!! Nella via niente è facile, ma se ci crediamo veramente niente è impossibile.
Pensate un secondo a quando siamo nati, non sapevamo parlare, non sapevamo camminare, impararlo e stato difficile, invece ora eccoci siamo in piedi camminiamo e parliamo, pensate un secondo a quando eravamo bambini, non avevamo paura di provare, anzi quando provavamo a camminare e cadevamo col sedere a terra, ci arrabbiavamo e cercavamo di rialzarci per riprovarci, poi ci siamo riusciti, tornate un attimo a quella sensazione, e stata meravigliosa, ci sentiamo i padroni del mondo Cammino!!!!! Ci sono riuscito!!!! lo stesso abbiamo provato quando abbiamo iniziato a parlare.
Sapete perché è successo? Perché non sentivamo i condizionamenti di nessuno, i bambini sono istintivi, intuitivi.
Quando cresciamo perdiamo proprio questo, istinto, l'intuito, lasciamo che il condizionamento delle altre persone ci condizionino, guardiamo gli altri e pensiamo che noi non potremmo mai raggiungere gli obbiettivi che ha raggiunto il nostro amico.
Ecco detto Pensiamo troppo, lasciamo che la nostra mente razionale ci limiti nelle nostre decisioni, ci limiti nel nostro provare.
Da bambini inconsapevolmente noi ci diamo.... Io voglio camminare, io voglio parlare, quando diventiamo adulti le nostre frasi diventano, io non posso riuscire, io non sono capace, io non.... Io non... ecc. ecc.
Lo sbaglio che facciamo e proprio lì, guardiamo più alle negazioni che alle affermazioni.
Anche il volersi bene dipende tutto da questo, ci guardiamo e ci sminuiamo da soli.
Come dice la frase la vita è difficile, ed è vero nulla e facile, troveremo sempre problemi, troveremo sempre intoppi sulla nostra strada, ma è vero anche che tutto è possibile se lo vogliamo veramente, i problemi si superano se si vuole gli intoppi si scavalcano.
In noi ci sono doti che tutti abbiamo, dobbiamo solo riscoprirle.

Noi siamo la somma delle nostre decisioni, anche quando pensiamo di non decidere, comunque abbiamo deciso, abbiamo deciso di non decidere, e così facendo la vita ci passerà davanti, le opportunità che ci dà le lasceremo scappare.
Quante volte nella nostra vita ci siamo detti... Ah se avessi fatto quella cosa, ora non starei così se mi fossi dato retta.
Be, ascoltiamoci, guardiamoci, e tutto sarà più chiaro, la vita non passerà così senza senso, le opportunità che coglieremo.
Non uno di più che non torni un po' bambino
Non uno di più che non colga le opportunità che la vita ti dà.

Cos'è l'amore?

L'amore è donare, donare all'altro, donarsi alla vita, donarsi nelle proprie passioni.
La parola amore viene sempre confusa con le relazioni sentimentali, ma amare ha un significato molto più universale.
Ognuno di noi nella vita fa un lavoro, anche lì bisogna metterci amore, amore per il proprio lavoro, ognuno di noi ha delle passioni, quindi amare le proprie passioni.
L'amore e anche l'amore incondizionato per un amico o amica, l'amore come vedete si mette in tutto ciò che facciamo.
Nelle relazioni molte volte l'amore però viene scambiato per qualcosa di diverso.
Mi è capitato di sentirmi dire ma tu perché fai questo per me? Cosa vuoi in cambio? Vi giuro che quando mi sentii dire così rimasi di stucco non mi aspettavo questa domanda, col tempo capii perché questa persona mi fece questa domanda.
Il motivo? Non era mai stata amata veramente, ma non parlo solo di relazioni sentimentali che erano state per lei sempre disastrose, parlo di tutto ciò che riguarda e riguardava l'amore.
Nella sua vita per essere amata doveva dare qualcosa in cambio, il suo matrimonio era stato quasi "combinato".
Matrimonio che poi si dimostrò disastroso con botte insulti ed umiliazioni.
Quando si hanno questi condizionamenti è quasi normale associare alla parola amore, dolore sofferenza, quindi quando arrivai io nella sua vita, le sembrò strano che non la trattassi male, che non la insultassi, anzi la ascoltavo, la consigliavo, la facevo ridere, e specifico che la nostra non era una relazione, ma un amicizia.
Ricordo che diffidò di me.
Una cosa imparai da questa situazione che comunque bisogna continuare ad amare incondizionatamente, anche se le persone diffidano, perché l'amore, quello vero e più forte della paura, della diffidenza, della sofferenza.

Questa persona si allontanò, ma questo non impedì il fatto che il mio amore incondizionato per lei continuasse, ancora adesso le auguro sempre di passare una vita felice di trovare un uomo che non la faccia soffrire come fece suo marito.
Amare incondizionatamente e anche questo, fare qualcosa o pensare il bene per le persone a cui teniamo anche se non glielo diciamo.
Questa storia mi ha insegnato che devo continuare a dimostrare a chi non crede a chi confonde l'amore con altro che il vero amore, la vera unione delle anime esiste.
Le anime nell'amore vero si uniscono ancor prima che i nostri corpi lo facciano.
Non uno di più... Senza amore
Non uno di più. Che non provi nella vita cosa voglia dire essere amati veramente

L'altruismo ti ha creato sofferenza?

Essere altruisti, essere generosi, essere buoni non è un male...anzi è un bene.
Delle volte però nella nostra vita ci è capitato che essere altruisti ci abbia creato sofferenza o delusione, questo capita perché magari la persona per cui ci siamo tanto preoccupati ad un certo punto si è allontanata o in altri casi ci ha allontanato.
La situazione che si crea e sofferenza delusione, ed iniziamo a farci mille domande sul perché dopo che abbiamo dato tanto, dopo che ci siamo preoccupati la persona ci abbia trattato così.
La domanda che dovremmo farci è una sola, ma la persona per cui ci stavamo preoccupando, voleva veramente il nostro aiuto?
Molte volte noi presi dal nostro altruismo come un nostro amico o amica ci "racconta" una sua situazione, in noi scatta una sorta di narcisismo per cui iniziamo a dare consigli a preoccuparci per loro a telefonargli chiedendo: Allora come va? Come stai?
All'inizio questo dal nostro amico o amica può essere vista come affetto ed interesse, ma dopo un po' può essere vista come un voler per forza sapere, insomma impicciarsi.
A me è capitato anche ultimamente, sono stato allontanato garbatamente dalla persona per cui provavo preoccupazione, ma quando è successo ho preso coscienza della situazione, e mi sono fatto come citato sopra la domanda, ma lei voleva veramente il mio aiuto?
Quando qualcuno ci "racconta " la sua situazione non vuol dire per forza che voglia il nostro aiuto, se lo volesse veramente lo chiederebbe specificatamente, puoi aiutarmi? Vuoi aiutarmi?
Per aiuto io parlo di aiuto spirituale, e non materiale.
Quindi sembrerà quasi egoistico ciò che dico, ma se non ci viene chiesto espressamente aiuto, ma ci viene solo "raccontata" una situazione non interferiamo nella vita degli altri, aspettiamo che il nostro amico o amica sia pronta a chiederci aiuto.
Fino a che non succede, osserviamo, restiamogli vicino, anche solo spiritualmente, cioè meditando, pregando per loro ed augurandole che la situazione abbia una soluzione, ed augurandole che possa vivere una vita felice.

Questo è il vero amore incondizionato, fare un qualcosa anche di invisibile per qualcuno e senza che nessuno lo sappia, lo sai solo tu.
Amare vuol dire anche rispettare gli spazi altrui, vuol dire anche delle volte non fare apparentemente niente.
Comportarsi così non è egoismo, ma amare da "lontano" e se non possiamo fare niente perché non richiesto, allora dare l'esempio con il nostro comportamento.
Dimostrare che ad ogni situazione può esserci una soluzione, e che molte volte chiedere aiuto non è un fatto di debolezza, ma anzi un fatto di gran coraggio.
Non uno di più che non ami incondizionatamente
Non uno di più che soffra per il proprio altruismo.

Il mio risveglio

Nel mio risveglio spirituale
Ora non vedo più il male
La rabbia, l'angoscia, l'ansia, il dolore la sofferenza
Ora vivo senza.
Sono libero dai condizionamenti del passato
Sono libero dal futuro
Ora vivo nel mio presente più puro.
Ora sento tutto, vedo tutto, ogni cosa ha il suo colore il suo sapore
Ora sono pieno d'amore

Ascoltati

Ascoltati...ascolta la tua voce interiore
Ascoltala lei sa sempre cosa sia meglio per te
Lei sa sempre qual è la cosa giusta da fare
E la cosa giusta da fare va fatta anche quando non è comoda
Anche quando non vuoi farla ma va fatta perché è giusto farla.
Le tue scelte guideranno la tua vita.
Scegli sempre anche quando non sembra che lo fai
ogni tua azione è una scelta.
Anche il non fare niente è una scelta.
Ascolta la tua voce, ascolta il tuo intuito.
La tua voce interiore sei tu il tuo vero "IO"

Non fermarti

Non fermarti a pensare se avessi fatto?
Non fermarti a pensare se avessi detto?
Il passato è andato, non puoi cambiarlo,
se nella tua testa ancora ti poni queste domande,
lasciale andare, stanno solo fermando il tuo presente.
Abbraccia il tuo passato e tieniti stretto ciò che ti ha insegnato,
se non hai fatto o non hai detto vuol dire che quel momento doveva andare così.
Vivi nel presente, abbraccia il passato e vai dritto per il tuo futuro.

Ascolta il tuo cuore

Ascolta il tuo cuore
Lui sa sempre cosa fare
Il cuore
Percepisce, intuisce, capisce
Esci dalla tua mente ed ascolta il cuore
La mente ti metterà davanti tanti "se" tanti "ma"
Il cuore invece e istintivo, intuitivo capisce subito il cuore che hai davanti.
Se il tuo cuore ti dice di far entrare un altro cuore, non opporre resistenza, lascialo entrare
Se il cuore ti dice
Non lo allontanare
Non lo fare.
Se il cuore ti dice che ama una persona dagli retta
L'amore vero non ha un perché...
La tua mente crea i "perché" ma quello non è amore vero, quello è desiderio, ammirazione e interesse.
L'amore che parte dal cuore non ha perché è amore puro e incondizionato.

Indice

34. Ascoltati
35. Non fermarti
36. Ascolta il tuo cuore

Viversi
EDIZIONE

Finito di stampare nel mese di Dicembre 2022
per **Viversi Edizione** - Roma

www.ingramcontent.com/pod-product-compliance
Lightning Source LLC
LaVergne TN
LVHW050347160826
845677LV00014B/3841
* 9 7 8 8 8 3 1 9 6 2 3 3 9 *